풍금처럼 살고 싶다

박효석 20번째 시집

풍금처럼 살고 싶다

그림과책

■ 시인의 말

20시집을 출간함에 있어 1978년 첫 시집 『그늘』이 시문학사에서 출간되었을 당시의 설렘이 39년이 흘렀는데도 새삼 상기되는 것은 인쇄와 제본을 조태일 시인이 운영하는 『시인』사에서 하게 된 계기로 교정을 보러 갈 때마다 신경림 시인과 그 당시 화제를 모았던 소설 『분례기』를 쓴 방영웅 소설가를 비롯하여 자유실천 소속 문인들을 만날 수 있었기 때문이고, 또한 출판기념회를 할 때 시인 문덕수 선생님이 바쁘신데도 불구하고 수원까지 오셔서 축사를 해주셨기 때문이 아닌가 생각된다.

첫 시집이 출간된 이후 문덕수 선생님은 수원에 자주 내려오셨고 난 서울에 올라갈 일이 있을 때마다 시문학사에 들러 문덕수 선생님과 바둑을 두곤 하였는데, 그 후 문단 단체와 거리를 두다보니 30년 넘게 인사를 드리지 못해 그저 죄송스러울 따름이다.

창작은 혼자 하는 것이지 단체에 나간다고 되는 것이 아니기 때문에 지금도 철저하게 단체 행사에 나가질 않는다.

시인은 자고로 외로워야 하고 그 외로움을 숙명처럼 받아들일 줄 알아야 한다.

앞으로 얼마나 더 이 세상을 사는지는 모르지만 깊은 지병과 동거하는 한에 있어서는 오로지 시만 생각하며 사는 것이 내게 주어진 사명이 아닌가 생각된다.

이 시집에 실린 나의 시가 누구에겐가 위로가 되었으면 너무 좋겠다.

이 세상 모든 사람들에게 감동을 주는 그런 시를 쓰는 날까지 오로지 시만 바라보며 시와 운명을 함께할 것이다.

2017년 가을날에

박 효 석

차 례

2부

3부

4부

5부

1부

古宇利島 바다에서

바다의 속살이 훤히 드러나는
古宇利島 해변에서
그대에게 내 마음이 훤히 드러날 수 있도록
바다에 몸을 담그면

물고기처럼 내 몸에도 사랑의 비늘이 돋아나와
자유자재 속살 훤히 드러난 그대 마음속을
유영하는데

경계선 없는
끝없는 푸르름이 광활한 古宇利島 바다처럼
수 십 년의 세월을 거슬러 올라가는 동안
한 번도 막힘이 없었던 그대 마음이기에

그대 마음속에서
영원히 잠들고 싶다는 생각에 잠겨
속살 훤히 드러나는 古宇利島 바다를
시선 너머 보이지 않는 곳까지
끝없이 망망하도록 바라보았다

*古宇利島 : 오키나와에 있는 地名

琉球村에서

류큐 왕국이 멸망하던 날의 비애처럼
비가 내리는 〈琉球村〉을 돌아보는 내내
액운을 막아주고 집을 지켜준다는 〈사시〉의 눈물에
가슴이 저렸다

멀리 떨어진 타국인데도 불구하고
민초들이 사는 모습은 별반 차이가 없는 것 같아
민가를 돌아볼 때마다
우리나라 민속촌을 돌아보는 것 같았다

설탕을 추출하기 위해
사탕수수를 넣고 연자방아를 돌리고 있는
검은 소의 숙명 같은 숨소리와 눈망울에서
울려나오는 것만 같은
〈산신〉의 애잔한 곡조가
〈琉球村〉에 내리는 빗소리와 더불어
마치 류큐 왕국의 진혼곡을
연주하는 것만 같았다

*사시 : 사자 모양의 수호신
*산신 : 오키나와의 전통 악기, 지금은 샤미센이라고 불림
*琉球村 : 오키나와에 있는 민속촌

오키나와의 철판구이집

여행객들의 마음을 따뜻하게 굽는
오키나와의 철판구이집에서
오키나와의 밤은
뜨끈뜨끈 달아오른다

국적은 서로 달라도
추억을 쌓는 마음은 한마음이기에
철판구이집의 철판이 달아오르듯
입맛도 달아올라
시간이 지나갈수록 진미에 취한다

구이 하나하나에
장인정신이 배어 나와
마치 진귀한 음식을 대접받는 것 같은
오키나와의 철판구이집이여

오키나와에서만 먹을 수 있는
오키나와 생맥주와 더불어 구이를 먹다 보면
오키나와의 철판구이집에서
오키나와의 밤은
별미처럼 깊어간다

스시전문점 구르메

오키나와에 있는
아메리칸 빌리지 맛집 스시전문점 〈구르메〉는
하루 종일 활기로 들썩인다

가격도 저렴하고 스시가 너무 맛있어서인지
스시를 먹기 위해선
한두 시간쯤 기다리는 것은 보통인데
손님을 맞이할 때마다
인사말을 하는 소리와
대기자 중 순번이 된 번호를 호명하는 소리가
쉴 새 없이 실내를 살아 움직이게
꽉 채운다

그래서 그런지 먹고 난 빈 접시가 한없이 탑을 쌓아가듯
타국에서 온 여행객들의 입맛도 살아 움직이는
오키나와 스시전문점 〈구르메〉에선
외국어들이 서로 뒤섞여
바다의 생선들이 팔딱팔딱 튀어오르듯
늘 활기차다

슈리성에서

류큐 왕국의 榮華를 이야기하는
세계문화유산 〈슈리성〉에서
내 마음은 그대에게 유일한 유산이고
그대 마음은 나에게 유일한 유산이라는 것을
우린 서로 눈빛으로 주고받았다

웅장한 성벽과
거대한 궁전의 〈슈리성〉은
류큐 왕국 500년의 위용을 자랑하지만
그대와 나의
마음속의 사랑의 성벽과 궁전은
이 우주가 멸할 때까지
영원할 것을

그 누가 우리 마음속을 침략할 수 있으랴

그 누구도 우리의 마음속을 침략하여
함락시킬 수 없으며
오로지 내 마음을 침략하여 함락시킬 수 있는 것은
그대 사랑뿐이고
그대 마음을 침략하여 함락시킬 수 있는 것도

나의 사랑뿐이라는 것을

오키나와 〈슈리성〉을 돌아보는 내내
우린 굳게 마음을 맞잡았다

*슈리성 : 오키나와에 있는 류큐 왕국의 궁과 성

비행기를 타고 가면서

붕새의 뱃속에 들어가
하늘을 훨훨 날아가면서
고래의 뱃속에 들어가서야
하나님의 참모습을 만날 수 있었던
〈요나〉처럼

붕새가 도착지에 도달할 때까지
혹시 비행 중 추락하지는 않을는지
애써 하나님을 주문처럼 부르는
나를 보면서

그동안 스모그와 오존층에 가려
제대로 된 하늘의 빛깔을 보지 못했던 것처럼
독선과 오만에 가려
하나님의 참 빛을 보지 못했던 어리석음이
비행 내내
바다에 빠지기도 하고
산맥에 충돌하여 산산조각이 나기도 하며

부속품이 분해되듯
나라는 존재가 해체되고 있었다

그의 음성을 들으면

그의 목소리를 들으면
계곡물 흐르는 소리가 들린다

세상을 살다가
삼복더위 같은 열불이 날 때도
그의 목소리를 들으면
시원한 계곡물 흐르는 소리가 들린다

분복에 감사하고
자신보다 못한 사람들에게
나눠줄 것이 없을 때 안타까워하는 그를 보면
그의 영혼은 마치 울창한 숲 같아서
그의 음성을 들으면
마음까지 시원한 계곡물 흐르는 소리가 들린다

쓰나미가 스쳐 간 폐허 속에서도
한 알의 씨앗을 다시 심기 위하여
분주히 삽질하는
그의 음성을 들으면
푸른 생명이 살아 숨 쉬는 듯한
계곡물 흐르는 소리가 들린다

벽을 뛰어넘어

아무리 말이 안 통하는 벽창호라 하지만
사람들의 마음속엔 동산이 있어
그곳엔 울창한 나무들이 있고
푸른 숲이 있고
맑은 물이 고여 있는 옹달샘이 있다

마치 휴전선 너머의 비무장지대처럼
온갖 동물들이 자유로이 뛰어놀고
온갖 새들이 아름다운 노랠 지저귀고
온갖 풀꽃들이 아름답게 지천으로 피어있는
벽 너머의 세상을 바라볼 수만 있다면

남과 북도 그러하리라
벽을 뛰어넘어
벽 너머의 세상을 바라볼 수만 있다면
한 민족이 울창한 나무가 되고
푸른 숲이 되고
맑은 사랑이 삼천리 방방곡곡
졸졸 흘러내릴 텐데

삼팔선의 벽을 뛰어넘어
시야를 조금만 멀리 바라볼 수만 있다면

꽃밭

꽃잎들이
흰나비의 하얀 은사 같은 날개와
노랑나비의 금사 같은 날개처럼
팔랑이면

꿀벌들은 윙윙윙
꽃들은 싱글벙글

서로 속내를 활짝 드러내며
밀어를 주고받는 꽃밭

햇볕

방도 냉골이고
마음도 겨울처럼 추운 날
햇볕 잘 드는 고아원 담벼락에 기대어 서서
햇볕에 마음을 호호 불어가며
한나절을 보내던 아이야

사방은 허허벌판이어서
불어오는 바람이야 막을 수 없는 일이었지만
햇볕에 기대어 설 수 있다는 것만으로도
위안을 삼을 수 있었지 않았느냐

담벼락 밑 틈바구니를 비집고 나온
민들레꽃이나
꽁꽁 얼었던 땅을 헤치고 나온
냉이같이
때로는 햇볕에 반사된 눈물방울 속에서
영롱한 무지개 빛깔을 보았던 그때처럼
살아있는 것들은 햇볕 속에서 꽃을 피우리니

아이야
햇볕은 너의 영원불멸할 지기일 테고

햇볕은 너의 생명을 한없이 축복하는
은혜이지 않겠느냐

꽃길

한 송이의 꽃도 아름답지만
그 아름다움이 배가 되고
또 그 아름다움이 군락을 이룬다면
지상도 천국처럼
그 아름다움이 장관이리라

군락을 이룬 나비 떼같이
바람이 살랑살랑 불 때마다
나비의 날개처럼
꽃잎을 팔랑이는
그 꽃길을 걸어보라

내 마음 사뿐사뿐
꽃잎을 펼치고 있나니
사랑하는 사람아
꽃잎 팔랑이듯
그대에게 사랑의 날갯짓 하고 있나니

그리움의 잔고

평생을 그리워만 하다가
그 그리움을 내세로 이월하면
그리움의 잔고는 얼마나 남았을지

아무리 확인해 봐도
숫자로는 잔고를 확인할 수 없는
그리움

사랑의 분만실

꽃이 꽃을 피우는 순간순간은
최선을 다해 몸을 불사르는 순간이려니

나 또한 그대를 향한 사랑의 꽃
한 송이 피우기 위해
사랑의 분만실에 누워
산고의 아픔에 몸을 맡기고 있나니

그대여 기대하시라
오로지 그대에게만 바치는
신생아 같은 사랑의 첫울음을

풍경이 되는 사람들

창가에 앉아
멀리 떨어진 거리의
움직이고 있는 사람들을 보고 있노라면
사람들도 아름다운 풍경이 된다

정지되어 있는 풍경 속에
움직이는 풍경이
풍경을 역동적으로 살아 움직이게 하여
세상을 활력이 넘치게 한다

연인들이 사랑을 나누며
다정히 걸어가거나
노모를 부축하고 걸어가는
모녀의 애잔한 사랑이
무뚝뚝한 건물들의 표정을
세상을 살아가는 배경으로 함으로써
사람들이 아름다운 풍경이 될 수 있음을
부각시켜 준다

봄의 설교

봄이 오면
겨우내 피지 않을 것만 같았던
심령들의 꽃을 피우기 위해
첫째 주는 산수유 꽃을 피우는 설교를 하시고
둘째 주는 개나리, 진달래꽃을 피우는 설교를 하시곤
그다음 주는 목련꽃 피우는 설교를 하시는
그 교회를 가면

집으로 돌아가는 교인들의 얼굴이
봄꽃으로 활짝 피어
휘파람처럼 날리는 교인들의 해맑은 웃음 따라
봄꽃 향내 번지는 거리를

교인들의 발걸음에 맞춰
봄꽃 나무들도 길을 걷고 있구나

엄마와 아기

캥거루와 같이
아기를 품에 안고 다니는 아기 엄마들을 보면
이 세상에서 가장 소중하고 귀한 보물을
심장으로 꼭 품고 다니기라도 하는 듯
사랑과 행복으로 머금은 미소가
햇살처럼 빛나는데

모태의 신앙과도 같은 모성애가
엄마의 생명처럼 살아 숨 쉬는
사랑의 숨결을 통해
아기에게 전달되면

아기는 이 세상에서 가장 행복한 요람에 안겨
길몽을 꾸며

"엄마, 너무너무 행복해요"
"엄마, 너무너무 사랑해요"

엄마를 바라보며 방긋 웃는다

2부

주름

할머니의 주름은
아코디언과 같아
주름에서 나는 소리는 아름답다

바람이 몰아쳤다가
바람 빠지는 세월의 소리가
얼마나 아름다운지

세월을 조율하는 할머니의 주름 속에는
희로애락이 녹아있어
이 세상에서 가장 아름다운
멜로디를 연주한다

마치 폐교된 산골 초등학교 교정의 풍금에서
바람의 페달을 밟을 때마다
울려 나오는 선율처럼
연륜의 깊이에서 우러나오는
할머니의 주름

할머니의 주름은
아코디언을 연주하기도 하고
때로는 풍금을 연주하기도 한다

달동네

황무지의 땅이 가뭄으로 쩍쩍 갈라지듯
빈곤으로 마음이 바짝바짝 말라가는 달동네엔
독거노인들의 비애 같은 저기압이 몰려와
하늘을 뒤덮고 있네요

폐지 주워 겨우 연명하던
독거노인들의 죽음이
서너 달 후에야 발견되는
슬픔이 안개처럼 마을을 뒤덮는 달동네에선
하늘도 절망처럼 주저앉아

독거노인들의 비애가 무관심 속에
장마전선처럼 하늘을 뒤덮고 있네요

전화가 오면

전화가 오면
아주 멀리 떨어져 있어도
옆 가까이 있는 것만 같아
전화가 오면
덥석 손을 잡을 수 있을 것만 같다

바다 건너 미국이나 영국,
심지어 남극이나 북극 같은 먼 곳에서
오는 전화도
바로 그 사람이 옆에 있는 것만 같아
심장 뛰는 호흡의 비늘까지도
날숨 들숨이 숨 가쁘게 들려오는 것 같은데

보고 싶은 사람들이 살고 있는
하늘과의 전화는
아무리 시도해도 불통이니
날 잡아서 방문하든가
아예 그곳으로 이삿날 잡아서 이사하든가
吉日이 언제인지
하나님께 여쭤봐야겠다

섬

내가 만약 섬이 된다면
이름 없는 무인도 섬이 되고 싶다

평생을 걸고 찾아올
단 한 사람을 목숨 걸고 기다리는
이름 없는 무인도 섬이 되고 싶다

하늘이 이를 닦으면

하늘이
이를 닦는다

솜털 같은 하얀 구름이 하늘을 스쳐 지나갈 때마다
말갛게 닦인 푸른 하늘이 드러나는 걸 보면
하늘이 솜털 같은 흰 구름으로
이를 닦나보다

때로는 검은 구름으로 치석이 끼였던 하늘도
솜털 같은 흰 구름이 지나가면
스케일링한 이처럼
깨끗하게 닦인 푸른 하늘이 되어

그 하늘을 바라보고 있노라면
내 마음은 푸른 하늘 같은 맑은 호수가 되어
명경지수 되도록 마음을 닦고 있다

어머니의 흑백사진

6·25때 돌아가신 달랑 단 한 장 남은 어머니의 흑백사진이 고등학교 2학년 때 마치 그동안 참고 참았던 눈물 한 번에 쏟아지듯 홍수에 휩쓸려 어머니는 또 그렇게 흔적 없이 사라지셨다 그 후 홍수 상습지역에서 이사한 후 더 이상 눈물 한 방울 나오지 않았다

교회에서

땅의 집도 마련하기 힘든데
하늘의 집을 얘기한다는 것은
어불성설 아니겠느냐

새벽 인력시장에 나가야 팔려가는
입에 풀칠할 수 있는 노동인 것을

천근만근 무거운 십자가를 끌고 가는
하루살이 목숨이여

비 오듯 눈물 흘리는 생계여

땅의 노동은 생명줄과도 같은데
어찌 수고하고 무거운 짐을 내려놓을 수 있겠느냐

하늘 집은 천부당만부당한 말씀이고
누추하더라도 땅의 집이나
마련할 수 있게 해주소서
하나님!

고택古宅

고택古宅의 겨울은
마치 늙으신 어머니같이
정원 나목들의
뼈 사이사이 흐르는 바람처럼
허전한데

고택古宅의 봄은
손주 품에 안으시고
말간 햇살처럼 웃고 계시는
어머니의 미소처럼
나목들마다 돋아나는 연푸른 새잎이
의욕을 되찾아 가시는 어머니의 소망처럼
반짝이고 있구나

망막

중학교 때 지리 선생님은 수업 시작하기 전 자주 썩은 동태 눈깔이 되지 말라고 말씀하셨다 그 후부터 어물전 좌판에 누워있는 핏발이 선 생선들이 한물간 생선들이라는 걸 알게 되었는데 반대로 사람들은 눈알에 핏발이 서면 생존하기 위해선 눈에 보이는 것이 없다는 듯 살기등등하여 사생결단 큰소리친다는 것을 알게 되었고 그럴 때면 온몸에 소름이 생선의 비늘처럼 돋아 어물전 좌판에 누워있는 생선들처럼 숨을 쉴 수가 없어 난 그 때마다 한 그루 식물성 나무가 되어 망막에 핏줄이 서지 않도록 푸른 하늘만 실성한 듯 바라보았다

우체통은 왜 늘 빨갛게 상기되어 있을까

첫사랑에
가슴 설레던
그 시절을 생각하면

지금도 마음이 빨갛게
달아오른다

풍란 꽃

쉬임 없이 파도가
한시도 긴장을 풀 사이 없이
철썩철썩 몸을 때리고 있는
용암 절벽 중간에 매달려 있으면서도
생애 최고의 은은한 향내를
세상에 전해주고 있는 풍란을 보면

풍경이 쉴 새 없이 흔들리고 있는
수도 산방에 칩거하셔서
번뇌를 말끔히 씻고 계시는
노스님의 해탈이
언제쯤 풍란 꽃 향내 같은 미소 지으며
세상 밖으로 나오실지

풍란 꽃을 들여다보면
노스님의 미소가 보인다

사랑하는 사람이 죽는다는 것은

사랑하는 사람이 죽는다는 것은
가슴에 무덤을 만드는 일이다

사랑하는 사람이 이 세상을 떠난다는 것은
머릿속에 무덤을 짓는 일이다

사랑하는 사람을 마음에 묻는다는 것은
나도 그 무덤에 들어간다는 것이다

물을 주면서

갈증으로 목이 타오른
꽃에게 물을 주면서
그동안 목마름으로
마음이 타오른 아내, 딸, 아들에게
사랑을 부어 주었는지
생각해 본다

곧 죽을 것같이
축축 늘어졌던 화초들이
생기발랄하게 몸을 일으키며
향내 나는 꽃을 활짝 피우는 걸 보면서
아내와 딸, 아들은
그동안 어떤 향내 나는 사랑을 피웠을까
상상해본다

사랑 꽃

벚꽃 가지에 앉아
새들이 노래할 때마다
음률 따라 벚꽃 떨어지는 봄날

흰나비 은사 날개 같은 햇살 눈부신데

백옥 같은 치아 드러내며
활짝 웃고 있는 목련

난 이 봄에
무슨 꽃으로 필까

벚꽃, 목련꽃에 앉았다 가는
사랑 꽃 찾아
이 꽃 저 꽃 나비처럼 날아다니는
내 마음

초록 원피스

초록색 원피스를 입고
치마를 펄럭이는 가로수 길을 거닐면
마치 내가 봄의 사열을 받고 있는 것만 같다

맨발로 꽁꽁 언 땅에 발을 묻고서도
폐부를 도려내는 듯한 칼날 같은 바람을
알몸뚱이로
오로지 소망을 버리지 않으면 이겨낼 수 있다는 신념 하나로
혹독한 겨울의 고문을 이겨낸 가로수들이기에

봄의 초록 원피스를 입은 가로수 길을 걷는 것은
마치 승리의 개선문을
하나하나 생명의 의미를 되새기며
걸어 들어가는 것만 같다

세상을 살면서
견딜 수 없을 것만 같았던 절망도
소망의 불씨 하나 꺼뜨리지 않고
소중한 생명처럼 보듬고 살아간다면
끝내 그 절망이 새봄으로 돌아와

희망의 새순 틔우는 것을

멀리 시베리아로 유배 보낸
이 길을 휩쓸고 갔던 칼날 같던 바람들을
초록 원피스를 입은 가로수 길을 거닐면서
반추해본다

바다를 보며

지금까지 내가 흘렸던 눈물이
얼마인지 아느냐고 말하던 내가
바다에 가서 말문이 막히는 것은

무한대의 눈물이 끝없이 펼쳐져 있는 바다 앞에서
내가 무슨 말을 할 수 있으랴

사랑한다는 말 대신
어머니 눈가를 촉촉이 적시던
눈물 속에서 반짝이던 미소처럼
바다가 속눈썹을 깜박깜박할 때마다
사금처럼 반짝이는 햇살을 부리에 물고
바다 위를 자유자재 평화로이 날고 있는
갈매기들을 보면

평생, 자식들이 세상에서 자유로이 헤엄칠 수 있도록
눈물을 미소처럼 반짝여 보이시던
어머니의 사랑을
이제야 알 수 있을 것만 같다

3부

사랑은 밥

사랑은 밥이다

안 먹으면 외로워서 견딜 수가 없고
먹고 나면 딴 생각하느라
소홀해지기도 하는

과식하고 나선
신물이나 난 듯
먹기가 지겨워지다가도
밥을 먹지 않으면
끝내 굶어 죽을 수밖에 없는 것처럼
사랑을 하지 않으면
끝내 살 수 없을 것만 같은 밥

사랑하는 사람아

오래 묵은 장이
깊은 맛을 내는 것처럼
사랑 또한 그러하려니

사랑하는 사람아
우리 함께 한 희로애락의 세월
사랑으로 담가
백년해로의 깊은 맛 우러나는
일생이 되자

장미 넝쿨

장미 넝쿨 우거진 오월 중순,

장미 넝쿨 월계관을 쓴
아내의 사랑이
눈부신 햇살의 갈채를 받을 때

내 마음은 천국이 된다

우리 동네 화장품 가게

우리 동네 화장품 가게에선
아침마다 명곡이 흘러나온다

아리아나 가곡이 울려 퍼지기도 하고
지고이네르바이젠이나 비발디의 사계 등
교향곡도 울려 나온다

곡이 울려 나올 때마다
향긋한 화장품 냄새가
코를 스치는 것 같아
그때마다 마음이
화장품 가게 안으로 들어간다

화장품 가게 주인은 누구일지
상상하다 보면
나는 아침마다 그 가게 앞을 지나가는
단골 관객이 된다

행복 충전소

살아가다
행복이 방전되면
우리 가족은 가정이라는 플러그에
사랑을 꽂아
행복을 충전하지요

아낸
남편과 딸과 아들에게 사랑을 꽂고
난
아내와 딸과 아들에게
딸과 아들은
엄마와 아빠에게 사랑을 꽂아

시련 속에서도 낙담하지 않게
희망을 북돋아 주는 우리 가정은
사랑이 충만한 행복 충전소이지요

이심전심

법당에서
108배로 마음을 비웠더니
상쾌한 바람 같은 미소가
만나는 얼굴마다
이심전심 꽃 피우는구나

멀리서 걸어오는 당신을 보는 순간

멀리서 걸어오는 당신을 보는 순간
정신이 혼미해졌습니다

벼락 맞은 듯
순간, 숨이 멎는 것이
가슴이 쿵쾅쿵쾅
천둥 치는 것이었습니다

무의미하게 보이던 세상이
새롭게 보이고
설렘으로 맥박 뛰는 소리가
혹시나 당신에게까지 들릴까봐
당신에게 무관심한 척
조마조마 눈치 살피기에 바빴습니다

모든 것을 다 던져도 좋을 것 같은 예감이
당신이 걸어오는 발걸음 따라
딴청 부리듯 따라가고만 있었습니다

일요일 날

일요일 날 교회에서 나오는 사람들을 보면
영혼의 씻김을 받았는지
표정이 밝아보인다

무거운 짐을 내려놓았는지
어깨가 가벼워 보이는 것이
날개가 돋아나와
훨훨 날아갈 것만 같다

발걸음이 찬송을 부르듯
경쾌하다

그들의 웃음소리가
세상에 솟구쳐 오른다

겨울 꽃

겨울 꽃을 바라보면
꼭 울 어머니 같다

모진 세월 속에서도
이 세상 가장 향내 나던 울 어머니처럼

혹독한 추위를 이겨내고
감탄사처럼 핀 겨울 꽃을 바라보면
꼭 울 어머니 같다

詩들을 목욕시키며

이른 새벽부터 종이박스를 주워
생계를 유지하는 어느 노파의
구역을 침범했다고 사생결단하는
절박함보다도 못한
나의 詩들을 목욕시키며

그동안 마약을 탄 것 같은 사랑의 술이나 마셔대며
주사나 부리지는 않았는지
또는 허접쓰레기 같은 감정을 내세우며
눈물이나 찔찔 짜지는 않았는지
나의 詩들을 목욕시키며

닦으면 닦을수록 드러나기만 하는 허세를
몽땅 쓸어 담아 쓰레기하치장에 내다 버리든지
노파 앞에 무릎 꿇고 앉아
싹싹 용서를 빌어야 할 것 같은
절박함이 없는 나의 詩들을
활활 타는 불구덩이 속으로
주소불명으로 되돌아오듯 던진다

마음의 불꽃

밤이 되면 세상은
불꽃들이 활짝 핀다

어둠을 질주하는 자동차들의 불꽃과
자신을 PR하는 간판들의 불꽃을 비롯하여
밤이 외로워 어둠을 주정하는 주점들의 불꽃과
방황하는 영혼들을 위한 십자가의 불꽃들이
서로 경쟁하듯 불꽃 밝히는 밤거리를 보노라면
조금 전까지만 해도 아수라장 같았던 전쟁터가
잠시 휴전한 것 같은 은밀한 음모 뒤에 숨어
서로 어둠의 운명을 함께 사랑하는 것만 같은데

밤하늘의 별들이 사랑의 불꽃을 밝히지 않는 한
밤새 밝혀지지 않을 마음의 불꽃

그리움은

그리움은 억 만년 억 광년도
엊그제 본 듯
방금 본 듯
생시처럼 생생한데

임은 억 만년 억 광년의
꿈속에서나 살고 계신 듯

생시 같다가도 눈 뜨면
허깨비를 본 듯
아득하기만 하네

행복한 날

내 영혼 속에선
그대의 숨결이 반짝반짝

하늘에선
그대의 별이 반짝반짝

내 마음 안에선
그대의 사랑이 반짝반짝

아름다운 최후

칠십이 넘으니
하늘에 천운을 맡기기로 한다

오늘 하루를 어떻게 최선을 다하여 살 것인지
내일은 생각하지 않기로 한다

그리하여 그대를 사랑하는 일 또한
오늘 죽기 살기로
마음을 다 바치기로 한다

서녘, 노을 바라보는 그대의 눈망울에
최상의 아름다운 최후를
장례 하기로 한다

샤워를 하며

샤워를 하며
인어가 된다

세상을 헤엄치며
닥지닥지 달라붙은 세속의 비늘들을
털어내다가
문득, 비늘이 하나도 없는 벌거숭이가 되면
더 이상 본향의 바다로 돌아갈 수 없을 것만 같은 생각에
본향의 정신이 맑아지도록
머릴 감는다

본향으로 돌아가기 위해선
세속을 헤엄쳐 가야 하기에
구석구석 샤워를 하며
몸을 점검한다

쓸쓸한 공원

아무도 없는 공원에서
바람이 그네를 타고 있다

바람이 발을 구를 때마다
적막이 외로움의 현을 켜고 있는 공원

바람도 앉아 쉬고 가지 않는 벤치만이
덩그러니 공원을 지키고 있다

4부

원목 소파에 누워

원목 소파에 누워
나무를 쓰다듬다 보면
마치 나무 관속에 누워있는 것 같아
어머니가 묻힌
나무뿌리를 뻗어본다

나무뿌리 끝에는
별들이 초롱초롱 눈을 뜨고 있고
그 옛날 불러주던
자장가 소리가 들리고 있다

언젠가는 어머니의 세월 속에
합장할 나의 세월들이
나뭇결 어루만지듯
숨결을 고르고 있는데

어머니의 한없는 사랑이
봄날, 수액 흐르듯
단잠을 이루고 있다

그림자

돈이 많고 적고 간에
지위가 높고 낮고 간에
명예가 있고 없고 간에
햇볕에 비친 검은 그림자는
누구나 동등하다

암실 같은 밀실에서의 인화된 그림자는
어떨지 모르겠지만
밝은 햇볕에 드러난 검은 그림자는
누구나 똑같다

한껏 신록을 뽐내며
춤추고 있는 가로수의 그림자가
밝은 햇볕에선
검은 그림자이듯

세상을 다 가진 것 같은 사람이나
아무것도 가진 것 없는 사람이나
밝은 햇볕에 드러난 검은 그림자는
生과 死가 공존하듯
누구나 평등하다

방관자

창가에 앉아
수천수만 대의 차가
달리는 것을 바라보다
하루가 또 그렇게 갔다

오늘 하루는
몇 킬로로 달렸을까

날이 어두워지고
막이 내렸다

애초 유료 관객은 상상할 수 없었던 터라
난 처음부터 하루의 시동을 걸 생각도 없는
방관자였는지는 모르지만
하루하루가 그렇게 가듯
한 달이 그렇게 가고
일 년이 또 그렇게 갔다

날이 어두워지기 무섭게
건너편 마트에서 떨이하기에 바쁜
몸이 축축 늘어진 채소들처럼

하루하루를 떨이하기에 바빴던
젊은 날을 떠올려보며
이젠 세월을 다 떨이할 때가 되지 않았나
무념에 잠긴다

이사

그동안 살면서
얼마나 이사했는지 모르겠다

월세에서 월세로
전세에서 전세로
그러다가 어렵사리 마련한 내 집에서
더 넓고 풍광 좋은 곳이나
학군 좋은 곳 아니면 부가가치 좋은 곳으로
이사하기 바빴는데

이젠 더 이상 이사 다니지 않아도 좋을
영원한 집으로
이사 갈 준비를 하게 되었으니
미련 없이 현세의 짐을 모두 내다 버리면
그동안 내가 최후로 꿈꿨던
영혼의 집에 과연 거할 수 있을까

지상에서의 사랑이 끝내 발목을 잡지는 않을는지
사랑 하나만큼은 그 집에까지
자꾸만 갖고 가고 싶어지니
끝내 사랑 하나 때문에

연옥에 이사 갈 것만 같은 예감이
자꾸만 든다

해넘이

현해탄에 몸을 던진
'윤심덕'처럼

임의 눈썹 및 눈망울에 몸을 던지는
저 낙조를 보아라

노을22

온종일
세상을 뜨겁게 사랑했던 심장을 꺼내
신선한 해돋이 빛으로 부활하기 위하여
수평선 너머 어둠 속으로
망설임 없이 수장하고 있구나

노을23

노을을 바라보면
풍금 소리가 들릴 것 같다

어느 외딴 산골
폐교된 초등학교 낡은 교실의
풍금 소리 같은
오염되지 않은 맑고 순수한 음색이
서녘 하늘에 번지고 있다

노을24

내 최후는
누구나 바라볼 수 있는
아름다운 노을이 되리라고
혈서를 쓴다

바라보는 누구한테나 위안이 될 수 있는
휴식이 되리라고

바라보는 누구한테나 감동이 될 수 있는
최후의 시 한 편이 되리라고
혈서를 쓴다

노을25

석양이
수평선 너머로 잠자러 들어가기 전
바닷물을 뜨끈뜨끈하게 달구고 있구나

마치 꿀잠을 자고 난 뒤
개운한 얼굴로
맑고 순수한 새벽의
기지개를 활짝 켜려는 듯
바닷물을 따끈따끈하게 달구고 있구나

텅 빈 들판

수확이 끝난
텅 빈 들판을 지나가는 바람같이
나도 지금 한 생애를 지나가는 바람이려니

뒤따라오는 사람이
이삭이라도 주울 수 있는
내 생애면 좋으련만
검불 날리듯 살아온 세월들이
속절없이 바람에 날아가고 있구나

텅 빈 내 세월의 벌판에도
따뜻한 계절이 찾아와
봄의 씨앗을 심는 사람들이 있다면
내세에선 영양 많은 흙으로 환생하여
그 씨앗의 밑거름이 되어줄 수 있을 텐데

공동묘지를 지나가는 바람같이
수확이 끝난 텅 빈 들판을
생애의 불빛을 하나하나 점멸하듯
바람이 휩쓸면서 지나가고 있구나

여름

여름은 그동안 껴입기에 바빴던
세속들을 하나하나 벗기고는
실오라기 하나 걸치지 않은 알몸뚱이로
바다와 한 몸이 되게 한다

계곡에선 세속을 말끔히 씻게 하곤
자연과 하나 되게 하여
내 영혼을 새가 되어 노래하게 하고
울창한 숲이 되게 하고
졸졸 흐르는 실개천이 되게 하여
드넓은 창공과
한마음이 되게 한다

뜬구름

그의 머릿속에는
오늘도 구름이 흘러간다

그의 생각 속에서도
그의 꿈속에서도
쉴 새 없이 구름이 흘러간다

그의 머릿속을 흘러가는 구름은
시도 때도 없이 변화무쌍하여
때론 황홀경에 빠지게 하거나
때론 신기루를 좇는 몽환에
취하기도 하는데

그의 머릿속을 흘러가는 구름은
중량을 재려야 잴 수 없이 가벼워서
땅에 발을 내디딜 사이도 없이
둥둥 떠다니다간
일장춘몽처럼 사라지고 마네

1월 1일

아가의 방긋 웃는 햇살이
눈부십니다

이제 일 년을
어둠을 씻으며 헹구며
말간 얼굴로 인사하겠지요

지난밤이 비록 어둡기만 하여
끝내 아득할 것만 같았어도
산고를 이겨낸 출산의 기쁨처럼
방긋 웃는 아가의 햇살은

새로운 길을 설렘으로 열어주는
소망이지요

2016년 11월 14일

달이 가장 가까이
나에게로 다가왔다

바닷물을 끌어당기듯
내 마음을 끌어당기는 슈퍼문

밤새
내 마음은 달빛으로 넘쳐흘러
이 세상을 하직한
백발의 어머니가 둥실 떠올랐다

달력

달력은 계약 결혼과 같아
일 년 단위로 계약하곤
한 달 단위로 점검한다

중요한 약속들을 미리 표시해놓고
비망록을 작성하는 계약 결혼이기에
혹시라도 중요한 약속들을 어기기라도 하면
그 날은 찬바람이 불고
사랑의 믿음은 금이 가고 말아
파혼 직전에 이르기도 하지만
그래도 살다 보면 행복한 날도 많아서인지
보통 계약을 다음 해로 이월할 때가 많다

언제 계약 파기를 하게 될지
한 치 앞도 알 수 없는 운명이지만
함께 살아온 지난날을 뒤돌아보면
결코 잊으래야 잊을 수 없는 그리움의 추억이기에
그때의 사랑이야말로 다이아몬드같이 빛나던
금혼이었음을

영원히 변하지 않을 금강석 같은 사랑으로

달력에 사망으로 표시한 그 날의 몇 분 몇 초까지
비망록을 영겁으로 묻는다

사랑의 힘

돼지 창자에
잡채를 비롯 온갖 야채 버무린 것을
꽉꽉 채워 넣듯
오늘도 아낸
내 창자에 애정 어린 잔소리를 비롯
사랑을 가득 채워 넣는다

그리하여 하루를 버티는 힘이
충전된다

그동안 있는 것 없는 것
나에게 다 내어준 것 같은데
아직도 아낸 사랑의 힘이 남았는지
집 안 구석구석
소소로움이 휘파람을 불 수 있도록
미심을 털어낸다

아내를 바라보는 내 마음은
늘 맑은 유리창이 된다

5부

풍금처럼 살고 싶다

나는 늙어서
폐교된 산골 초등학교 교정에 놓여있는
풍금이 되고 싶다

아무도 찾아오지 않아
이따금 바람이 풍금의 페달을 밟고 지나갈 때마다
들꽃 음색을 낸다든가
산새들의 청정한 발성을 하며
오염된 세월들을 깨끗이 씻어내고 싶다

졸졸 흐르는 옹달샘같이
깊은 산골의 나무와 들꽃과 새
그리고 숲과 잔잔한 바람에게
풍금 고유의 선율을 들려주며
때로는 별들이 귀를 쫑긋하여
산골로 내려오게 하기도 하고
쉬지 않고 가기만 하던
보름달의 발걸음을 멈추게도 하는

나는 이 세상에서의 마지막 삶을
폐교된 산골 초등학교 교정에 놓여있는
풍금처럼 살고 싶다

매미

여름이 되면 노래들이
허물을 벗는다

플라타너스 나무 위에서
여름을 더욱 녹음 짙게 하기 위해
허물을 벗는 노래들

마치 불멸의 노래라도 되는 듯이
오늘 죽어도 여한이 없다는 듯
허물을 벗는 노래들

양탄자

추운 겨울날
우리 집 거실 양탄자에 인공의 풀씨를 뿌렸더니
양탄자가 푸른 풀밭이 되었다

그 뒤부터 양탄자에 앉아
읽고 싶던 책도 읽고
심심하면 누워있거나 TV도 보고
때로는 끼니도 때우면서
우리 가족들이 둘러앉아 마음을 내보일 때면
양탄자 풀밭엔
웃음꽃도 활짝 피는데

어느새 아내와 내 마음속에도 풀씨가 자라 올라
양탄자 풀밭이 깔렸는지
난 아내의 마음속 양탄자 풀밭 위에서
맛있는 일상의 재료들을 준비하길 좋아하고
아낸 내 마음속 양탄자 풀밭 위에서
일상을 맛있게 요리하길 좋아하여

아무리 바깥엔 눈보라가 몰아친다 해도
우리 집 거실 양탄자 풀밭 위에 가족들이 둘러앉아

맛있게 요리한 일상을 도란도란 식사할 때면
세상만사는 다 사랑이어라

그믐달

제발
눈을 뜨세요
눈을 뜨세요
애원하지만
좀처럼 눈을 뜨지 않으시더니

한참 후에야
겨우 그믐달처럼 눈을 뜨시곤
우리를 둘러보시다가
영영 눈을 감아버리신 아버지의
그때의 그 눈이

밤새 실눈을 뜨고
우리를 둘러보시고 있구나

잠 속에서

잠잔다는 것은
꿈을 꾸는 일이다

잠 속에서
너를 만나는 길이 있기에

캄캄하면 캄캄할수록
별이 더욱 영롱하게 반짝이듯

꿈속에서 초롱초롱 눈을 뜨며
너를 만난다

어물전

오늘 하루도 하루를
시장 어귀 어물전 좌판에서 팔았다

사러 오는 사람이
거의 없었다

삶에 찌든 가슴 같은 지느러밀
파닥일 줄 모르는 바다만이
심심하리만큼 밀려 왔다 밀려갈 뿐

태엽 풀린 시간은
이따금 하품이 늘어졌고
초침이나 분침은
눈꺼풀이 풀어지거나 내려앉아
배경은 늘 한산했다

좌판을 정리하고 귀가하는
비늘이 벗겨진 하루의 그림자만이
희멀거니 길게 늘어져만 갔다

가로수

찬바람에 잎이 다 떨어지고 나면
수행 길에 나서는 가로수

칼바람이 온몸을 후려치는 고행을 마다않고
죽을힘을 다하여 참아내는 것을 보면
기필코 봄이 올 것이라는 확신과
죽은 듯이 참아낸 자리마다
새 생명이 움틀 것이라는 믿음이
마치 해탈의 경지에 이른 듯

낭만도 죽고
사랑도 죽은
외롭고 쓸쓸하기 그지없는 냉랭한 거리에 서서
세상의 어떤 혹독한 고문도 마다하지 않고
온몸으로 받아들여 소망을 싹틔우며

사랑하라, 사랑하라

참을 수 없는 고통이 엄습할 때마다
주술처럼 사랑을 노래 부르고 있는 가로수

호접란

호접란에
노랑나비 떼 훨훨훨
호랑나비 떼 훨훨훨
떼를 지어 앉아 나랠 치면

아내 마음은
노랑나비 떼 훨훨훨
내 마음은
호랑나비 떼 훨훨훨
나랠 친다

철길

아내와 나는 철길이다

평생을 달려도
언제나 함께 나란히 하는
철길이다

한 송이 제라늄 꽃

고목처럼 잎이 별로 없는 제라늄이
예기치 않게 꽃을 피운다

마치 말라빠진 손가락에
금반지를 낀 내 손가락같이

금은방에 가득한 금가락지보다
내 손가락에 낀 금반지 같은
한 송이 제라늄 꽃

부활

한 해가 지날수록
땅으로 돌아갈 날이 점점 가까워오는데
그동안의 일생이 잘 여물어왔는지

평생을 땅에 심는 날
새봄이 오면
새싹이 잘 돋아 나와야 할 텐데

혹시나 생명 없는
죽음만 들어있는 열매이거나
무슨 씨앗인지 몰라
아예 땅에 심지도 않는
일생의 열매는 아닐는지

땅으로 돌아갈 날이 가까워올수록
점점 일생이 가벼워지는 것만 같은 것이
아무래도 알맹이 없는 쭉정이일 것만 같은 걱정이
앞을 가린다

초록의 반란

어떤 혹독한 고문에도
정신줄 하나만큼은 놓지 않으리라
혼의 입술을 깨물며 견뎌냈더니
그동안 숨죽이고 있던 만물들이
일제히 떨쳐 일어나 승리의 찬가를 부르고 있는
저 초록들의 경이로운 반란을 보라

꽁꽁 얼었던 땅을 비집고 나온
한 뿌리의 냉이에서부터
발가벗겨진 가로수의 숨구멍을 비집고 나온
한 잎의 연둣빛 새순에 이르기까지
그동안 한파의 채찍을 휘두르던 동장군은
무장해제 되어 줄행랑치고 있나니

죽음의 감방에서 일제히 풀려나오듯
와~와~ 생명의 초록 손을 흔들고 있는
저 초록들의 푸른 혁명을 보라
경이로운 저 초록들의 반란을 보라

촛불

밤새 눈물을
꽤나 흘리셨네요

밤을 하얗게 지새운 시간들이
순결처럼 출렁이네요

그대가 얼마나 마음을 다하여
나를 애타게 그리워했는지

그대 그리움의 심지가
밤새 다 타버렸네요

담금질

세상이 불볕더위일 때면
난 세상을 어떻게 주조하여 살 것인가를
생각한다

어디를 어떻게 더 두들기고
어떤 모양으로 만들어야
이 불볕더위 세상을
살기 좋은 세상으로 만들어서 살 수 있을지

사랑하는 마음이 끓어오를 대로 끓어올라
가장 순수했던 청춘의 그 마음으로
세상을 담금질하면

불볕더위에 지친 마음들이 쉬어갈 수 있도록
불볕더위 세상은 불볕더위만큼
청춘 그때의 첫사랑 같은 그 마음으로
세상을 더욱 짙푸른 녹음으로 우거지는 그늘을
세상천지 드리우는구나

배웅

가을이 오면
그동안 잊혀졌던 사람들이
오래된 사진첩을 꺼내보듯
아련히 떠오른다

갈잎 색으로 변해버린 페이지마다
낙엽처럼 바람에 날아간 사람들을 보니
그리움이 가슴을 적시며
세월을 덮는다

추억은 무덤에서 일어나 부활하는데
편지함에 꽂혀가는 것은 부고장뿐

배웅해야 할 사람이
낙엽처럼 쌓여가니
나의 세월도 찬 서리에 덮일 날이
멀지 않은 것 같다

On the beach 카페에서

끝없이 펼쳐진
에메랄드빛 바다가 한눈에 보이는
〈On the beach〉 카페에서
오랜 세월
밤마다 물결이 별빛을 받아
모래 백사장에 새겨놓은
'LOVE' 라는 글자처럼

38년간의 결혼 생활을 반추하며
그대의 마음속에
이 세상의 어떤 선물보다도 가장 값지고 귀한
사랑이라는 목숨 같은 언약을
수놓고 있노라면
그대와 나 사이에 흐르는 사랑의 물결은
마치 〈On the beach〉 카페에서 바라보는
쪽빛 속눈썹 끝없이 깜박이는
파라다이스 같은 바다 같구나

아무 말이 필요 없는
〈On the beach〉 카페에서 바라보는
무한하기 그지없는 바다같이

〈On the beach〉 카페에서 바라보는
그대 마음 또한
영원불멸할 에메랄드빛 사랑이구나

*On the beach : 오키나와에 있는 카페 이름

그림과책 시선 166

풍금처럼 살고 싶다

초판 1쇄 발행일 _ 2017년 10월 20일

지은이 _ 박효석
펴낸이 _ 손근호

펴낸곳 _ 도서출판 그림과책
출판등록 2003년 5월 12일 제300-2003-87호

110-814 서울 종로구 통일로 272, 210호(무악동, 송암빌딩)
[무악동 63-4 도서출판 그림과책]
전화 (02)720-9875, 2987 _ 팩스 (02)720-4389
도서출판 그림과책 homepage _ www.sisamundan.co.kr
후원 _ 월간 시사문단(www.sisamundan.co.kr)
E-mail _ munhak@sisamundan.co.kr

ISBN 978-89-94753-64-5(03810)

값 12,000원

이 도서의 국립중앙도서관 출판예정도서목록(CIP)은 서지정보유통지원시스템 홈페이지(http://seoji.nl.go.kr)와 국가자료공동목록시스템(http://www.nl.go.kr/kolisnet)에서 이용하실 수 있습니다.(CIP제어번호: CIP2017026031)